¿Qué fue el Día D?

Patricia Brennan Demuth
Ilustraciones de David Grayson Kenyon

loqueleo

Para todos los valientes que luchan por la paz y la libertad.
P.B.D.

loqueleo

Título original: *What Was D-Day?*
© Del texto: 2015, Patricia Brennan
© De las ilustraciones: 2015, Penguin Group (USA) LLC
Todos los derechos reservados.

Publicado en español con la autorización de Grosset & Dunlap, un sello de Penguin
Young Readers Group, una división de Penguin Random House LLC.
Who HQ™ y todos los logos relacionados son marcas registradas de Penguin Random
House LLC.

© De esta edición:
2019, Vista Higher Learning, Inc.
500 Boylston Street, Suite 620.
Boston, MA 02116-3736
www.vistahigherlearning.com

Dirección editorial: Isabel C. Mendoza
Coordinación de montaje: Claudia Baca
Servicios editoriales de traducción por Cambridge BrickHouse, Inc.
www.cambridgebh.com

Loqueleo es un sello de **Santillana**. Estas son sus sedes:
ARGENTINA, BOLIVIA, BRASIL, CHILE, COLOMBIA, COSTA RICA, ECUADOR, EL SALVADOR,
ESPAÑA, ESTADOS UNIDOS, GUATEMALA, MÉXICO, PANAMÁ, PARAGUAY, PERÚ, PORTUGAL,
PUERTO RICO, REPÚBLICA DOMINICANA, URUGUAY Y VENEZUELA.

¿Qué fue el Día D?
ISBN: 978-1-631-13405-0

Todos los derechos reservados. Esta publicación no puede ser reproducida, ni en todo ni
en parte, ni registrada en o transmitida por un sistema de recuperación de información, en
ninguna forma ni por ningún medio, sea mecánico, fotoquímico, electrónico, magnético,
electroóptico, por fotocopia o cualquier otro, sin el permiso previo, por escrito, de la editorial.

Published in the United States of America.
Printed in USA.

1 2 3 4 5 6 7 8 9 GP 24 23 22 21 20 19

Índice

¿Qué fue el Día D? 1

El mundo en guerra 6

Un plan audaz 20

El engaño a Hitler 28

Día D: la cuenta regresiva 36

Caer en la oscuridad 48

Mares tormentosos 58

Omaha sangrienta 67

Surgen nuevos líderes 76

¡Misión cumplida! 88

¡Libertad, al fin! 93

Líneas cronológicas 102

¿Qué fue el Día D?

6 de junio de 1944

En las oscuras horas antes del amanecer, una gigantesca flota de guerra navegaba por el canal de la Mancha hacia Francia. Había más de 5,000 barcos y buques de todas las formas y tamaños. A bordo iban más de 155,000 soldados, en su mayoría estadounidenses, británicos y canadienses. Se les llamaba los Aliados. *Aliados* significa amigos que unen sus fuerzas por una causa común.

Otra enorme fuerza militar de los Aliados acababa de sobrevolar el canal hacia Francia; eran 11,000 aviones. Todos estos soldados, en barcos y aviones, estaban poniendo su vida en peligro para invadir Europa y terminar con la Segunda Guerra Mundial.

La Segunda Guerra Mundial llevaba ya cinco años. Había comenzado en 1939 cuando Adolfo Hitler, el líder de la Alemania nazi, invadió Polonia. Ahora, más de treinta naciones estaban en guerra. Los alemanes habían invadido casi toda Europa continental, y esta guerra se había convertido en la más sangrienta de todos los tiempos.

Los Aliados luchaban contra Hitler, pero en ese momento casi no tenían tropas en suelo europeo, mucho menos en Alemania. Había solamente una manera de derrotar a la Alemania nazi y liberar a Europa: tenían que combatir, y vencer, a Hitler en su propio territorio.

¿Pero cómo?

Primero, los Aliados tendrían que desembarcar un enorme ejército en la costa de Francia, además de tanques, camiones y provisiones. Luego tendrían que abrirse camino por 700 millas del continente hasta llegar a Berlín, la capital de Alemania.

Los Aliados planearon la gran invasión durante casi dos años. Millones de personas trabajaron en el proyecto, desde ingenieros que inventaban nuevas armas de guerra y obreros de fábricas que producían aviones y tanques, hasta espías que le daban a Hitler informes falsos. Además, cerca de 2 millones de soldados aliados entrenaban duro en Gran Bretaña.

Sin embargo, toda la invasión podría derrumbarse. Los alemanes habían levantado un muro de acero y concreto como línea de defensa a lo largo de toda la costa. ¿Podrían las primeras oleadas de soldados aliados atravesarla y tomar control de las playas y de los caminos de salida? Esa era la única manera en que el resto de las tropas iban a poder desembarcar.

Si los soldados del Día D fallaban, todo estaría perdido. No había un plan B. Los Aliados le habían apostado todo lo que tenían a este plan.

"Día D" es la palabra clave para el día de cualquier ataque militar importante, pero cuando hoy se habla de "el Día D", se habla del 6 de junio de 1944. El Día D marcó un antes y un después en la historia: fue el principio del fin de la Segunda Guerra Mundial.

Capítulo 1
El mundo en guerra

Alemania fue uno de los países vencidos en la Primera Guerra Mundial. En esta guerra murieron casi 10 millones de soldados entre 1914 y 1918. Cuando Alemania se rindió, sus ciudades estaban en ruinas y su economía estaba hecha pedazos. Casi no había empleos y la gente se moría de hambre.

En 1933, Adolfo Hitler, el líder del partido Nazi, asumió el poder. Acabó con la democracia y se nombró a sí mismo dictador de Alemania. La libertad desapareció, y Hitler declaró enemigos a algunos grupos, especialmente a los judíos.

Hitler formó un poderoso ejército de millones de soldados muy bien entrenados, con las mejores

El Holocausto

Adolfo Hitler, el líder nazi de Alemania, odiaba a los judíos. Su solución para todos los problemas de Alemania era deshacerse de ellos. Durante la guerra, Hitler hizo matar a 11 millones de personas, incluyendo 6 millones de judíos. Nadie entiende realmente qué lo llevó a cometer semejantes actos de maldad. *Holocausto* es el nombre que se le ha dado a la matanza de todas estas personas inocentes.

armas del mundo. Luego ideó planes para conquistar toda Europa… y más allá.

En septiembre de 1939, Alemania invadió Polonia sin previo aviso. Primero, los aviones bombardearon ferrocarriles, campos de aviación y líneas de telégrafo en territorio polaco. Después, más de un millón de tropas alemanas se abrieron paso a través de Polonia con tanques y artillería pesada. Este tipo de ataque (bombardeos seguidos de una gran masa de tanques) se conoce como *guerra relámpago*. La palabra en alemán es *blitzkrieg*, o *blitz* en su forma abreviada.

Francia e Inglaterra le declararon la guerra a Alemania inmediatamente, y así comenzó la Segunda Guerra Mundial.

Pero la capacidad militar de Inglaterra y Francia no se comparaba con el poderoso ejército de Hitler. Después de la caída de Polonia, las tropas alemanas arrasaron Dinamarca, Noruega, Bélgica, Luxemburgo y Holanda. En junio de 1940, Francia misma

cayó en manos de los alemanes, y el mundo libre quedó estupefacto.

Al otro lado del mundo, Japón no solo estaba ocupando tierras ajenas en Asia y el Pacífico, sino que había firmado un acuerdo con Alemania en 1940. Junto con Italia, a estos tres países se les llamó las potencias del Eje.

Los líderes de la Segunda Guerra Mundial

La Segunda Guerra Mundial se libró entre grupos de naciones que se conocieron como el Eje y los Aliados. Los principales líderes del Eje eran Adolfo Hitler (Alemania), Benito Mussolini (Italia) y Hideki Tojo (Japón).

| **Italia** | **Alemania** | **Japón** |
| Benito Mussolini | Adolfo Hitler | Hideki Tojo |

Estos eran los líderes de las potencias aliadas más importantes, conocidos como "Los Tres Grandes":

Gran Bretaña	Estados Unidos	Unión Soviética
Primer Ministro	Presidente	José Stalin
Winston Churchill	Franklin D. Roosevelt	

Mientras tanto, en Europa, las tropas británicas enfrentaban solas a Hitler. Estados Unidos ayudaba a Gran Bretaña con armas, tanques y aviones, pero no había enviado tropas. Más de 115,000 soldados estadounidenses habían muerto en la Primera Guerra Mundial, y el país no quería combatir en otra guerra en el extranjero.

Pero el 7 de diciembre de 1941, Japón llevó a cabo un sorpresivo ataque aéreo contra las fuerzas estadounidenses en Pearl Harbor, Hawái, donde más de 2,000 soldados estadounidenses murieron. Al día siguiente, el presidente de EE. UU., Franklin Roosevelt, declaró la guerra a Japón y a sus aliados, incluyendo a Alemania.

A partir de ese momento, Estados Unidos desempeñó un papel clave en la Segunda Guerra Mundial. Una gran cantidad de estadounidenses se alistaron. Al comienzo, las fuerzas militares contaban con 334,000 hombres; luego esas fuerzas llegaron a tener 12 millones.

De un día para otro, el país se convirtió en una fábrica de guerra. Miles de armas, aviones y buques de guerra se fabricaban masivamente y se enviaban al extranjero. En 1939, EE. UU. producía menos de mil aviones militares por año. Para fines de 1943, se estaban haciendo ocho mil por *mes*.

Sin embargo, Hitler y las potencias del Eje parecían imparables. Hitler había invadido casi toda Europa, y sus tropas marchaban hacia el este, hacia la Unión Soviética; Japón se había apoderado de varios países del sureste de Asia y el Pacífico; e Italia ganaba batallas en el norte de África. A principios de 1942, las noticias del frente de guerra de los Aliados eran desalentadoras.

Rescate en Dunkirk

Después de la caída de Francia, las tropas británicas no podían hacerle frente a la Alemania nazi por sí solas. Batalla tras batalla, los alemanes las derrotaban, forzándolas a retroceder hacia la costa oeste de Europa. Para junio de 1940, 338,000 combatientes, incluyendo tropas francesas, estaban atrapados en una estrecha franja de costa en Dunkirk, Francia. En un arriesgado rescate, cientos de barcos civiles los llevaron de vuelta a Inglaterra. Esta fuga apresurada obligó a Gran Bretaña a abandonar miles de armas y más de cien mil vehículos.

Luego, lentamente, batalla a batalla, los Aliados volvieron a ganar terreno. Detuvieron el avance de Japón en una pequeña isla del Pacífico llamada Midway. Los soviéticos pararon el avance de Hitler en Rusia. Fuerzas aliadas expulsaron a Italia de África. Entonces, los italianos tumbaron a su dictador, Mussolini, y firmaron una tregua con los Aliados.

Hubo una explosión de esperanza. Los líderes de los Aliados comenzaron a planear una estrategia para terminar con la terrible guerra.

Capítulo 2
Un plan audaz

El océano Atlántico bordea Europa continental por el oeste. Durante la guerra, Hitler sabía que esta zona costera era susceptible de ser atacada. Por eso, en 1942 ordenó levantar una línea de defensa en la costa, a la que llamó el Muro del Atlántico. Este se extendía a lo largo de 2,400 millas. De haber una invasión, Hitler planeaba aplastarla el primer día.

Doscientos cincuenta mil trabajadores, incluyendo prisioneros franceses, fueron obligados a construir las defensas. Plantaron seis millones de minas; cada una estaba lista para explotar apenas un soldado aliado la pisara. Surcaron las playas con redes de alambre de púas. Pusieron clavos de acero y grandes troncos en la arena para rajar el fondo de los barcos cuando la marea estuviera alta.

Detrás de las playas construyeron fortines de concreto y fuertes de todos los tamaños, que se

conectaban entre sí por una red de trincheras. Casi un millón de toneladas de hormigón se volcaron para hacer los fortines en solo un mes. Las bocas de la artillería apuntaban directo a la costa. El objetivo de Hitler era aniquilar a los soldados enemigos apenas desembarcaran en las playas.

Mientras los alemanes construían el Muro del Atlántico, los Aliados hacían planes para derribarlo en el Día D. A comienzos de 1942, el presidente Roosevelt y el primer ministro Winston Churchill decidieron invadir en la primavera de 1944. De esta forma, tenían un año y medio para preparar el ataque y entrenar a las tropas.

La siguiente cuestión era decidir *dónde* desembarcar. La ruta más corta y fácil era hacia Calais, Francia. Se encontraba a solo veinte millas de Dover, Inglaterra; pero los alemanes seguramente esperarían que los Aliados atacaran por allí. La invasión debía tomarlos por sorpresa. Entonces, los Aliados decidieron desembarcar en Normandía, Francia, un lugar insospechado a cien millas de distancia.

Elegir el momento oportuno era difícil. Los Aliados querían que las tropas aterrizaran en paracaídas durante la noche, para tomar desprevenidos a los alemanes. Tenía que haber luna llena para que los paracaidistas vieran bien en la oscuridad. Los barcos desembarcarían al amanecer, luego de deslizarse sigilosamente por el canal al amparo de la oscuridad. La marea debía estar baja, para que los obstáculos plantados por los alemanes en la costa no destrozaran los barcos.

Cinco playas en Normandía

El Día D, los Aliados atacaron cinco importantes playas que se extendían a lo largo de 60 millas por la costa de Normandía, Francia. Cada una fue un campo de batalla distinto con su propio plan de combate y fuerzas de ataque. A cada playa se le dio un nombre en clave. El plan requería que las tropas británicas desembarcaran en Sword y en Gold, las canadienses en Juno y las estadounidenses en Omaha y Utah.

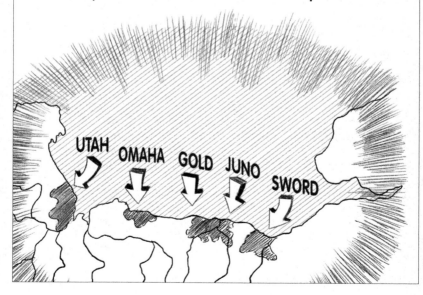

Un general estadounidense fue puesto al mando de la invasión. Su nombre era Dwight D. Eisenhower, su apodo era "Ike". Era un hombre tranquilo y sonriente; en West Point se le conocía por ser un gran bromista, pero años después se destacó como un experto planificador y organizador. También fue una  inspiración para otros soldados. "Tan solo te sonríe y ya confías en él", dijo un general británico llamado Bernard Montgomery.

Ike repasó los planes para el Día D a fines de 1943. No había suficiente "carga", dijo. Quería más de todo: más soldados, armas, tanques y aviones. Bajo sus órdenes, EE. UU. comenzó a enviar barcos, buques, todoterrenos, aviones, tanques, armamento y camiones a Inglaterra. Para el Día D, los estadounidenses habían aportado 5 millones de toneladas de equipos y provisiones.

Además, Ike envió más de un millón de soldados estadounidenses adicionales a Gran Bretaña. Allí se reunieron con las demás tropas aliadas que entrenaban para la gran invasión. El Día D había 1.7 millones de estadounidenses, 1 millón de británicos y canadienses y alrededor de 300,000 soldados de otros países europeos.

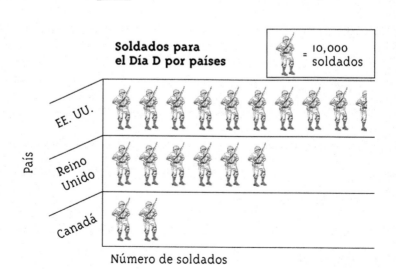

El entrenamiento era duro e intenso. Las prácticas de los paracaidistas consistían en saltar desde los aviones y marchar por tres días seguidos. Los soldados se ejercitaban disparando armas, escalando acantilados y arrastrándose debajo de alambres de púas con municiones reales zumbando por sobre sus cabezas.

Sin embargo, ni un solo soldado sabía dónde ni cuándo combatiría. El Día D se mantuvo en el máximo secreto.

Capítulo 3
El engaño a Hitler

Hitler sabía que los Aliados estaban planeando invadir Europa Occidental, pero no sabía dónde ni cómo. Para que no descubriera nada, los Aliados usaron espías, mentiras e ingeniosos trucos. Se formaron equipos especiales que incluían ingenieros, doble agentes y cineastas.

Para engañar a los alemanes, los Aliados construyeron una gran base militar en Dover, Inglaterra, justo enfrente de Calais, Francia. La base se veía real, pero no lo era. Los aviones espías alemanes que la sobrevolaban veían cientos de tanques que parecían de acero, pero, en realidad, estaban hechos de goma, ¡inflados como globos gigantes! Los sonidos metálicos de los tanques resonando a todo volumen no eran más que grabaciones. Incluso las huellas de los neumáticos de los tanques eran falsas.

También parecía que la base estaba repleta de camiones, todoterrenos, aviones y barcos. En realidad, eran tan solo lonas pintadas y estiradas sobre marcos de madera. El ejército ficticio era una genial combinación de efectos de Hollywood y alta tecnología.

Para "comandar" el falso ejército en Dover, se eligió al general estadounidense George Patton, el general más famoso de los Aliados, y precisamente el hombre que Hitler esperaba que dirigiera un verdadero ataque. Los Aliados hicieron que los periódicos publicaran artículos con fotos de Patton visitando a las tropas imaginarias. Las ondas de radio emitían mensajes falsos sobre los planes en Calais, y los espías alemanes captaban las señales y las retransmitían a Hitler.

El engaño funcionó. Hitler envió 200,000 de sus mejores hombres a Calais para detener una invasión que nunca llegó.

No dejó las playas de Normandía sin protección, pero cuando los Aliados desembarcaron allí el Día D, ¡todas las tropas de Calais estaban a 200 millas de donde ocurría el verdadero ataque!

En realidad, muchos de los agentes de Hitler se habían convertido en doble agentes. Habían sido capturados al llegar a Inglaterra en paracaídas, botes de goma y submarinos. ¡Así que acabaron trabajando para los Aliados mientras fingían estar del lado de Hitler! Los espías le proporcionaban a Hitler un flujo continuo de información falsa. Era un plan peligroso. Si uno solo de los doble agentes era descubierto, Hitler sospecharía de todo el proyecto. Pero eso nunca sucedió.

Doble riesgo

El doble espía más inteligente de los Aliados era conocido como Garbo. (Su nombre real era Juan Pujol García). Creó un grupo de treinta y seis espías que le proveían a Hitler informes secretos desde toda Inglaterra. Garbo y sus "espías" le daban a Hitler algunos datos reales para ganar su confianza, pero luego, a los nazis se les decían mentiras. A Hitler, los informes le parecían tan creíbles que premió a Garbo con ¡la medalla de honor más importante! El mismo Día D, Garbo lo convenció de que el ataque no era la invasión real. "Tiene que creerme", le dijo. Y Hitler le creyó.

En Francia también funcionaba una red de espías. Decenas de miles de hombres y mujeres formaban parte de la Resistencia francesa. Estos audaces ciudadanos hacían todo lo que podían para debilitar a los nazis: rescataban pilotos abandonados, falsificaban papeles e informaban sobre las más recientes idas y venidas de las tropas alemanas. Algunos artistas franceses dibujaron mapas de los sitios más conocidos de Normandía para ayudar a preparar a los soldados aliados para el Día D.

¿Cómo hacían los franceses para enviar mensajes secretos a Inglaterra? Una forma era usando palomas mensajeras. Las aves volaban por ocho horas, ida y vuelta, a través del canal de la Mancha con los mensajes sujetos a sus patas.

Los trucos de los Aliados continuaron hasta el día mismo del ataque. Temprano en la mañana del Día D, los aviones lanzaron cientos de "paracaidistas" lejos de los verdaderos sitios de batalla. Aunque vestían uniformes y cascos, eran muñecos. Cuando aterrizaban, las bombas que llevaban amarradas estallaban en llamas. Algunos paracaidistas de verdad descendían cerca de los muñecos para

crear el efecto de una gran batalla. Encendían bengalas y hacían retumbar sonidos de disparos por altavoces. También lanzaban sustancias químicas que olían a explosivos. Los alemanes cayeron en la trampa, y cientos de soldados corrieron hacia el falso lugar de ataque, ¡en dirección opuesta al verdadero!

Los informes falsos de los Aliados, sus ejércitos ficticios y los engañosos mensajes de radio salvaron innumerables vidas el Día D y los días siguientes.

En una entrevista después de la guerra, Ike sonrió y dijo: "Por Dios, realmente los engañamos, ¿no?".

Capítulo 4
Día D: la cuenta regresiva

Al principio, el Día D estaba programado para el 5 de junio de 1944. Mientras se acercaba la fecha, los pilotos de combate de los Aliados realizaban

misiones de vuelo sobre Europa. Pudieron derribar 1,300 aviones alemanes, lo que ayudó a prevenir un ataque aéreo en el Día D. Además, los bombarderos volaron puentes y ferrocarriles por toda Francia. Cuando comenzara la invasión, al enemigo le sería difícil enviar tropas de apoyo hacia Normandía. Los Aliados dejaron algunas rutas de viaje abiertas para que las tropas pudieran adentrarse en Alemania después del Día D.

A comienzos de mayo, casi dos millones de soldados esperaban en distintos puertos del sur de Inglaterra. Buques y aviones aguardaban para llevarlos al combate. "Todo el sur de Inglaterra era un inmenso campo militar", dijo el general Eisenhower. Se necesitaron 4,500 cocineros solo para preparar su comida. La gente bromeaba diciendo que la punta de la isla se hundiría bajo el peso de los soldados.

Por fin, los soldados abrieron y leyeron sus órdenes por primera vez. Estudiaron detenidamente enormes mapas de guerra, que se enrollaban como si fuesen alfombras. Las unidades ensayaron por separado sus planes de ataque individuales. Cada soldado practicó con el tipo de arma que se le había asignado.

El 3 de junio, las tropas se apilaban en los barcos que esperaban para desembarcar en Normandía dos días después. Todo estaba listo, hasta que una terrible tormenta frenó bruscamente los planes. Los informes del tiempo pronosticaban que la tormenta duraría varios días.

Residencia Southwick, cuartel general de Eisenhower en Inglaterra

Debido al mal tiempo, el general nazi Erwin Rommel dejó Normandía para visitar a su mujer en Alemania. Estaba seguro de que la tormenta evitaría que los Aliados atacaran. Desde Inglaterra, Ike pospuso la invasión solo por veinticuatro horas.

Temprano en la mañana del 5 de junio, el general Eisenhower se reunió con el alto mando en una residencia en el sur de Inglaterra. El viento golpeaba las ventanas y la lluvia apedreaba los vidrios.

Los comandantes escuchaban los últimos reportes del tiempo con atención. Parecía posible que el mal tiempo diera una breve tregua el 6 de junio.

¿Debían arriesgarse a hacer un ataque masivo en ese momento o debían esperar? Si no atacaban ese día, tendrían que esperar un mes entero hasta una nueva luna llena.

Ike sentó a los oficiales a la mesa y les preguntó qué pensaban. Las opiniones estaban divididas. Sin embargo, era Eisenhower quien tomaría la decisión final. Ike estaba bajo una enorme presión. Salir con la tormenta pondría en peligro la vida de sus soldados y el éxito del ataque. Por otro lado, demorar el plan significaba arriesgarse a que los alemanes lo descubrieran, y eso también pondría vidas en peligro.

Finalmente, apenas pasadas las 4:00 a. m., Ike dio la orden: "Bueno, vamos".

Esa noche, Eisenhower visitó una división de paracaidistas (soldados que se lanzan a la batalla en paracaídas). Serían los primeros en entrar en combate el Día D. Ike se mezcló entre ellos, dándoles aliento y diciéndoles que no se preocuparan. "He hecho todo lo que he podido", les dijo, "ahora depende de ustedes". Algunos paracaidistas se habían pintado la cara de negro para que el enemigo no pudiera verlos en la oscuridad. Otros se habían rapado la cabeza como los guerreros mohawk.

Bien equipados

Los paracaidistas tenían equipo suficiente como para sobrevivir varios días en caso de que un aterrizaje desafortunado los alejara de sus unidades. Estas son algunas de las cosas que llevaban:

- paracaídas en la espalda
- paracaídas extra en el pecho
- rifles y balas
- granadas de mano
- granadas de humo
- minas antitanques
- casco de acero
- cantimplora con agua
- brújula de mano
- cuchara
- dinero en moneda francesa
- comida

- máscara de gas
- chaleco salvavidas
- tres cuchillos
- botas de paracaidista
- bolsa riñonera acolchada
- chaqueta y pantalones de paracaidista
- bayoneta
- cuchillo de trinchera
- equipo de primeros auxilios
- impermeable

Los paracaidistas cargaban hasta 200 libras en equipo. Debían estar listos para sobrevivir por su cuenta si fuera necesario. Un soldado raso de pequeña estatura parecía "más equipamiento que soldado", dijo Ike. El soldado intercambió saludos con su comandante, y luego giró hacia Francia y exclamó: "¡Prepárate, Hitler, allá vamos!".

Los paracaidistas abordaron sus aviones y se elevaron rápidamente en el cielo. Ike los observó dirigirse hacia la oscuridad de lo desconocido. Ya no había nada que él pudiera hacer, salvo esperar los informes de radio que llegarían desde el campo de batalla.

"Bueno, ya está en marcha," dijo Ike, "nadie puede detenerlo". Sus ojos estaban llenos de lágrimas.

Capítulo 5
Caer en la oscuridad

El 6 de junio de 1944, un poco después de medianoche, la flota aérea más grande de la historia comenzó a volar a través del canal de la Mancha. Más de ochocientos aviones despegaron de bases aéreas repartidas por toda Inglaterra. Formaban largas filas perfectas en el aire y llevaban alrededor de 20,000 paracaidistas a bordo. ¡Aterrizarían en territorio enemigo en medio de la oscuridad!

Habitualmente, los paracaidistas bromeaban entre ellos. Después de casi dos años de arduo entrenamiento, muchos se habían convertido en buenos amigos. Esa noche, sin embargo, "los hombres se sentaron en silencio, sumergidos en sus propios pensamientos", contó el general Matthew B. Ridgway.

Sin duda, pensaban en su difícil objetivo. Debían tomar el control de los grandes puentes y caminos que partían de las playas. Estas rutas eran la única vía por donde los Aliados podrían movilizar grandes cantidades de tropas tierra adentro, y en

ese momento estaban fuertemente custodiadas por los alemanes. Los Aliados ya habían destruido otros puentes y carreteras importantes, por lo que estas rutas eran claves.

Los aviones se aproximaron a Normandía alrededor de la 1:30 a. m. De repente, comenzaron a sacudirse descontroladamente y desviaron su curso. El aire resplandecía con las balas trazadoras que las armas alemanas disparaban desde abajo. Rayos azules, verdes y amarillos encendían el cielo como si fueran fuegos artificiales.

Mientras los aviones recibían fuertes impactos, los soldados se tambaleaban en su interior. Los proyectiles sonaban "como si alguien hubiese tirado un barril de clavos contra el costado del avión", dijo el sargento Dan Furlong.

Los aviones se convirtieron en trampas mortales. Los pilotos abrieron las escotillas y encendieron las luces verdes intermitentes, señal de que los paracaidistas debían saltar. Según el plan, era demasiado pronto. Las posiciones en las que debían aterrizar

aún estaban lejos. Pero era más seguro saltar que permanecer a bordo de la aeronave. "La luz verde se encendió y, '¡ay, Dios!', todos saltamos", contó el paracaidista Carl Cartladge. "¡Nunca había estado tan feliz de salir de un avión en toda mi vida!".

El cielo era un caos. Miles de aviones se desviaban de su curso, intentando no chocar. Los disparos de las ametralladoras enemigas alcanzaban a los soldados en el aire. Las aeronaves en llamas explotaban y se precipitaban al suelo. Los paracaidistas aterrizaban por todos lados: en campos, árboles y graneros. Casi ninguno terminó en el sitio correcto.

Algunos soldados chocaron contra el suelo a gran velocidad, y quedaron muy lastimados por días. Aterrizar en el agua fue aún peor. Algunos cayeron en los campos que los alemanes habían inundado para bloquear el avance de las tropas aliadas. Para salvarse, debían zafarse de los paracaídas enredados y los pesados equipos que cargaban. Cientos de ellos se ahogaron.

Ken Russell, de diecisiete años, ¡quedó colgando del techo de la iglesia de una aldea de Normandía! Ken había mentido acerca de su edad para poder alistarse en el ejército. Cuando logró liberarse y saltar al suelo desde una altura de 20 pies, combatió él solo a los alemanes que disparaban contra los aviones aliados. Después, se reunió con otros paracaidistas para atacar puestos de artillería enemigos.

Otros miles de soldados aterrizaron solos y perdidos en la oscuridad. Se suponía que debían integrarse a sus unidades apenas tocaran tierra. En el Día D, sin embargo, para la mayoría de ellos esto nunca ocurrió. En cambio, se juntaron con hombres que jamás habían visto o pelearon solos. Lucharon contra alemanes donde fuera, inventando planes de ataque en el momento.

El teniente Ricardo "Dick" Winters, un paracaidista de un equipo llamado compañía Easy, aterrizó en medio de la nada sin su rifle, que había volado por los aires. Winters desató un cuchillo de su tobillo y salió a buscar a los treinta y dos hombres de su tropa.

De repente, aparecieron figuras en la oscuridad frente a él. ¿Eran amigos o enemigos? Winters apretó su "grillo", un pequeño dispositivo que las tropas usaban para identificarse en la noche. Le respondieron con dos clics: *clic-clac*, *clic-clac*. ¡Genial! Eran tropas aliadas, y Winters había encontrado a cinco hombres de su misma tropa, la compañía Easy.

Al final, trece hombres de esta compañía lograron encontrarse el Día D. Faltaba el comandante (había muerto al explotar su avión), así que Winters se convirtió en el líder. Aunque los alemanes que vigilaban los tanques los superaban cuatro a uno, esta pequeña fuerza pudo capturar cuatro grandes cañones enemigos que estaban destruyendo la playa Utah.

El valiente esfuerzo de los paracaidistas también dio frutos. Los soldados alemanes no podían entender el "patrón" de ataque diseminado, y no lograron contraatacar. Pero lo más importante fue que los paracaidistas tomaron puentes y rutas de salida claves.

Sin embargo, al final del Día D, los paracaidistas habían sufrido terribles pérdidas. Uno de cada cinco de ellos había muerto, estaba herido o había sido llevado prisionero. Como resultado, el ejército estadounidense nunca más hizo que sus tropas aterrizaran en la noche.

Alas silenciosas

No todos los paracaidistas volaron en aviones. Cientos de planeadores hechos de madera multilaminada también llevaban paracaidistas. Como no tenían motor, eran jalados por aviones a través del canal. La cuerda de remolque se soltaba unas 200 yardas antes del sitio de aterrizaje. Desde allí, los pilotos de los planeadores, que ahora iban a la deriva, dirigían sus naves el resto del camino hasta llegar al suelo.

Un poco después de la medianoche del 6 de junio, los planeadores aterrizaron a solo unos pies de dos de los puentes más importantes sobre el canal de Caen y el río Orne. Sorprendidos, los guardias alemanes entregaron los puentes, dándoles a los Aliados su primera victoria del Día D.

Capítulo 6
Mares tormentosos

En las oscuras horas previas al amanecer del 6 de junio de 1944, 5,000 embarcaciones de todos los colores y tamaños se apiñaban en las aguas del canal de la Mancha. Era la invasión por mar más grande de todos los tiempos. La flota incluía desde enormes buques que transportaban 5,000 toneladas de carga, hasta pequeñas lanchas de desembarco. Los buques y lanchas parecían "una masa tan sólida que uno podría haber caminado sobre ella de orilla a orilla".

Más de 155,000 jóvenes soldados llenaban los buques de pasajeros. El promedio de edad era de tan solo veintidós años, y dos de cada diez soldados nunca habían estado en una batalla. Los barcos cargaban 20,000 toneladas de municiones, todo solamente para el primer día.

Los alemanes habían llenado el canal de minas flotantes. Estas bombas estaban programadas para explotar cuando un barco pasara por encima de ellas. Sin embargo, la flota cruzó segura gracias a unos pequeños barcos llamados *barreminas* que iban adelante despejando las aguas.

Barreminas

A 12 millas de la costa, los buques pararon. Los soldados bajaron por sogas hacia pequeñas lanchas de desembarco que los llevarían el resto del camino hasta Normandía. En ellas no había asientos. Los hombres iban parados, agachados o sentados donde pudieran.

En las lanchas viajaban unidades de soldados que habían entrenado y ensayado planes de batalla juntos. Cada unidad incluía unos treinta hombres, y cada soldado era experto en el uso de algún arma. Ahora había ametralladores y fusileros. También había soldados con *bazucas*, armas que lanzaban cohetes explosivos. Otros tenían lanzallamas, armas que disparaban ráfagas de gasolina flameante. Los cortadores de alambre tenían herramientas para cortar las trampas de alambre de púas. Además, los equipos de morteros lanzaban obuses de largo alcance. Cada unidad era como un pequeño ejército.

Sin embargo, todo el poderío que viajaba en los barcos no podía evitar los terribles problemas que ocasionaba la tormenta. Incluso llegar a la orilla era difícil. Los problemas comenzaron apenas las tropas trasbordaron a las pequeñas lanchas de madera. El agua de mar, helada y tempestuosa, entraba a borbotones por los bordes de las lanchas. Los soldados empapados usaban sus cascos para sacar el agua, y muchos se sentían mareados por el oleaje. Unas pocas horas antes, la Armada había agasajado a las tropas con un suculento desayuno: filete, huevos, chuletas de cerdo, helado, frijoles y tocino. Ahora, con el estómago lleno, los soldados se sentían más enfermos que nunca.

"Fue un viaje terrible hacia la playa", recuerda el jefe de pelotón Bob Slaughter en el documental *Recuerdos del Día D*, del canal público PBS. "Un inmenso tsunami inundó nuestra lancha. El agua nos invadía por el costado y nos empapaba, y nos sentíamos cada vez más mareados".

Más adelante, en las playas, la tormenta también estaba causando dificultades a más de cuatrocientos bombarderos aliados. Se dirigían a Normandía para bombardear los puestos de artillería alemanes antes de que las tropas terrestres llegaran a la orilla. Lamentablemente, las espesas nubes de la tormenta escondían los blancos que estaban en tierra. Los pilotos tuvieron que guiarse por radar, un sistema nuevo en esa época. Temían lanzar sus bombas antes de tiempo y destruir los barcos aliados que atravesaban el canal. Se les ordenó a los pilotos que guardaran sus bombas hasta estar seguros de haber pasado las playas.

Los bombardeos dependían de una sincronización exacta. Una demora de treinta segundos significaba errar sus objetivos por más de una milla, y eso es exactamente lo que ocurrió en la playa Omaha el Día D. Cuando los aviones de los Aliados lanzaron sus 13,000 bombas, ya estaban mucho más allá de las playas. La mayoría de las bombas cayeron en campos de cultivo y tierras de pastoreo. ¡Ni una sola dio en el blanco!

La tormenta arruinó otro plan del Día D. Se suponía que tanques fuertemente armados desembarcarían en las playas justo delante de los soldados. Sus enormes cañones los protegerían de los disparos mientras ellos avanzaban por las playas. Con su peso de varias toneladas, los cañones eran demasiado grandes para que las lanchas de desembarco los cargaran. Entonces, los Aliados inventaron los "tanques anfibios" que podían abrirse paso por el agua por sus propios medios. Las lonas en sus costados los hacían ver como enormes vagones saliendo del mar.

Estos tanques habían pasado exitosamente las pruebas, pero no estaban diseñados para aguas turbulentas. Mientras se acercaban a Omaha, olas de 6 pies de alto golpeaban violentamente sus costados. Veintisiete tanques que se dirigían a Omaha se hundieron al fondo del canal. Otros tres se averiaron en el agua. Solo dos lograron llegar a la orilla, pero ya era demasiado tarde para ayudar.

Esto significó que los soldados debieron abrirse paso en la playa por sí solos, sin nadie que los cubriera en absoluto.

Capítulo 7
Omaha sangrienta

A las 6:30 de la madrugada del Día D, las pequeñas lanchas de desembarco comenzaron a llegar a Normandía. Por fin, el momento del ataque masivo a las playas estaba cerca.

La mayoría de los soldados llegaron con frío, mojados y mareados. A pesar de todo su entrenamiento, estaban por enfrentar la arrolladora potencia bélica de los alemanes.

El desembarco en la playa Utah funcionó como un reloj. Esto se debió en gran parte a los paracaidistas que habían desarmado los grandes puestos de artillería alemanes la noche anterior.

En las playas de Gold, Juno y Sword, los soldados tuvieron que superar un fuego enemigo más intenso. Y en Omaha, las tropas estadounidenses enfrentaron las peores condiciones. La terrible batalla librada allí se conoce como "Omaha sangrienta".

Omaha era una playa clave porque estaba en el centro de Normandía. Se extendía seis millas entre Utah y Gold. Como era la playa más difícil de invadir, los Aliados enviaron allí el doble de tropas. A diferencia de las otras playas, Omaha tenía a sus espaldas una muralla de acantilados de cien pies de alto. Desde allí arriba, más de mil alemanes en fortines disparaban hacia la playa como desde una azotea.

Las lanchas se detuvieron a unos cientos de yardas de la orilla y bajaron las rampas de desembarco. Los soldados tuvieron que vadear el resto del camino.

Los alemanes dispararon una furiosa racha de fuego y las balas rasgaron las lanchas por los costados, volcando muchas de ellas. Un proyectil impactó una lancha llena de explosivos y esta voló por el aire. Todos los hombres que iban a bordo murieron en el acto.

Los alemanes apuntaban sus ametralladoras directo a las rampas de salida de las pequeñas lanchas. Las balas alcanzaban a los soldados en el minuto en que las pisaban. Robert "Bob" Sales, un soldado raso, recuerda esos terribles primeros momentos en Omaha: "La primera rampa bajó y [nuestro capitán] fue el primer hombre en descender; simplemente lo acribillaron". Sales fue el único sobreviviente de los más de treinta hombres que iban en su lancha. "Nos hicieron pedazos", dijo.

La sierra de Hitler

Los soldados nazis volaban las lanchas que desembarcaban con MG-42S. Eran las ametralladoras más rápidas del mundo en esos tiempos; doblaban la velocidad de la American Browning. Esta ametralladora disparaba entre 1,200 y 1,800 balas por minuto. El sonido rápido de su disparo le valió el nombre de "La sierra de Hitler".

Los hombres caían de cabeza al agua. Débiles por los mareos y con el peso de los equipos hundiéndolos hacia el fondo, luchaban por su vida. "Realmente entré en pánico", contó el soldado Sales. Se deshizo de su radio, su arma y su chaqueta justo a tiempo para subir nuevamente a la superficie.

Los soldados que sobrevivieron al desembarco intentaron llegar a la orilla. "Teníamos unas 500 yardas de agua por atravesar", escribió luego el teniente coronel Alfredo F. Birra en una carta a su familia. "No podíamos correr porque el agua era demasiado profunda. No podíamos agacharnos. No podíamos hacer nada más que lo que hicimos". Avanzaron con las balas zumbando sobre sus cabezas, mientras la espuma de las olas se teñía de rojo con la sangre de los heridos y los moribundos.

En la costa, los hombres intentaban esconderse detrás de algunas de las defensas de acero que los alemanes habían construido. Pero no había escondite que valiera porque las armas del enemigo eran de largo alcance. "Todo lo que podía ver era caos, catástrofe", recuerda Chuck Hurlbut, ingeniero de combate. "Lanchas en llamas, humeando, hombres muertos a lo largo de toda la costa…".

Los soldados se tambaleaban por la arena, pero la tierra firme les brindaba poco alivio. Les quedaba por delante la "zona de la muerte", 1,000 pies de peligrosa playa abierta. Antes de que los soldados llegaran a los acantilados, debían lograr pasar vigas

dentadas, filosos alambres de púas y diecisiete mil minas enterradas.

Una hora después del desembarco, la batalla en Omaha era un absoluto desastre. Todo el fuego había venido de las armas enemigas. Los soldados aliados apenas habían disparado. Tan solo luchaban para salvar su vida. El Día D no estaba saliendo como se había planeado.

Capítulo 8
Surgen nuevos líderes

Una hora después de comenzada la invasión, parecía no haber esperanza para los Aliados en Omaha. La batalla estaba completamente paralizada. La playa estaba llena de muertos y heridos. Los sobrevivientes se acurrucaban en grupos en cualquier sitio donde pudieran escapar del fuego

enemigo. Muchos de ellos estaban heridos y sin armas. Todos estaban débiles y exhaustos.

¿Cómo se había llegado a esto? "Éramos un equipo orgulloso. Habíamos tenido un buen entrenamiento, éramos disciplinados y creíamos que nadie podría derrotarnos", dijo Hal Baumgarten. "Allí estaban estos muchachos... amontonados... muertos. Y, claro, había sangre por todos lados. Era horrible".

Fuego mortal

Un *mortero* es un cañón portátil que dispara proyectiles explosivos. El fuego de los morteros que golpeaba las playas de Normandía mataba a las tropas aliadas de dos formas. De cada explosión salían volando pedacitos de metal caliente, o metralla, a 7,000 millas por hora. "Son como miles de balas saliendo en todas direcciones al mismo tiempo", explicó William Bodette, sargento de infantería de marina. El mortero también lanzaba ondas expansivas de aire a velocidades altísimas. Una de ellas hirió a Harold "Hal" Baumgarten en Omaha. "Sentí como si alguien me hubiera pegado con un bate de béisbol", informó en el video *Sobrevivir al Día D.*

De repente, justo cuando la derrota parecía segura, surgieron líderes entre las tropas. Soldados que actuaban por su cuenta en distintos lados dieron un paso al frente y pusieron nuevamente el ataque en marcha.

A las 7:30 a. m., el teniente primero William Moody estaba escondido a los pies de los acantilados junto a otros veinticinco muchachos más. Estaban apretujados dentro de cuevas poco profundas excavadas por el agua. Por el momento, estaban seguros, fuera del alcance de los alemanes que disparaban desde arriba.

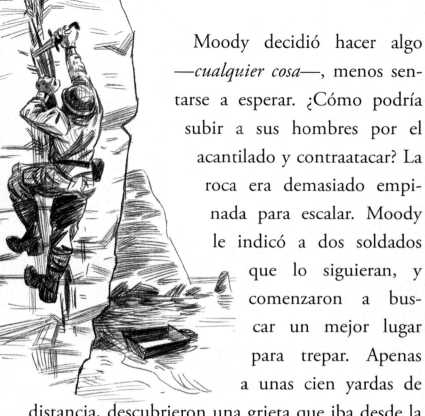

Moody decidió hacer algo —*cualquier cosa*—, menos sentarse a esperar. ¿Cómo podría subir a sus hombros por el acantilado y contraatacar? La roca era demasiado empinada para escalar. Moody le indicó a dos soldados que lo siguieran, y comenzaron a buscar un mejor lugar para trepar. Apenas a unas cien yardas de distancia, descubrieron una grieta que iba desde la cima hasta los pies del acantilado.

Moody clavó su bayoneta en la pared y subió unos pocos pies. Al hacerlo nuevamente, subió unos pies más. Los dos soldados que estaban detrás de él hicieron lo mismo. De alguna manera, los tres alcanzaron la cima sin hacer estallar ninguna mina.

Un sobreviviente de Omaha

Entre los primeros soldados en llegar a Omaha estaba el soldado raso Hal Baumgarten, de tan solo diecinueve años de edad. Fue uno de los dos hombres de su lancha de desembarco que sobrevivieron. Los demás murieron o fueron heridos al pisar la entrada de las rampas de salida. Se salvó porque tropezó y cayó al agua. ¡Pero el fuego enemigo lo alcanzaría cinco veces en las siguientes treinta y dos horas! Una explosión de mortero arrancó la mitad de su mejilla, pero Hal siguió avanzando.

Después de la guerra, escribió sus memorias de esa terrible batalla. Creía que se había salvado para "ser el portavoz de aquellos verdaderos héroes que murieron [el Día D]".

Al llegar a la cima, clavaron estacas y soltaron hacia abajo escaleras de cuerda. Moody corrió por el acantilado hasta el lugar justo arriba de las cuevas donde los soldados esperaban. Los hombres miraron hacia arriba; parecía imposible: ¡el teniente Moody había llegado a la cima!

Los soldados corrieron en la dirección que Moody les señaló hasta encontrar las escaleras colgantes, por donde subieron hasta la cima del risco.

Aunque una bala alemana acabó con su vida más tarde ese mismo día, Moody es recordado como un héroe del Día D: el hombre que dirigió la primera unidad en llegar a terreno alto en Omaha.

Aunque el grupo de Moody había llegado a lo alto del acantilado, cientos de otros soldados aún estaban atascados en la playa de Omaha. Muchos estaban amontonados a lo largo de un muro que se extendía por toda la playa, a unos dos tercios del camino a los acantilados. El muro, de unos 5 pies de alto, era el único lugar donde podía alguien esconderse en plena playa abierta. Los soldados estaban aturdidos y confundidos. Pertenecían a varias unidades, pero casi todos sus líderes, en general los primeros en bajar de los botes, estaban desaparecidos o muertos.

La marea comenzaba a subir y, sigilosa pero rápidamente, iba cubriendo la orilla. A las 9:30 a. m.

la marea había cubierto la mayor parte de la playa. ¡Los hombres estaban atrapados entre dos frentes! Delante de ellos, los tiradores alemanes. Detrás, la marea creciente.

El general Norman "Dutch" Cota observaba a los hombres con sus binoculares desde un barco alejado de la costa. Tenía cincuenta y un años de edad, y era el soldado más viejo en Omaha. Como general, debía quedarse a bordo y enviar las

órdenes por radio. Pero esto era una crisis. Dutch olvidó las reglas, tomó un arma y vadeó con dificultad hasta la orilla. De repente, los hombres que estaban atascados en el muro vieron a un hombre robusto corriendo por la playa, ¡fumando tabaco! "No tenía miedo", recordó un soldado.

Al llegar al muro, Cota animó a los hombres a tomar acción. Pronunció estas palabras, hoy famosas: "Señores, nos están matando en la orilla.

Vamos a que nos maten adentro". Pronto, los soldados comenzaron a recoger sus armas, a buscar sus cascos y a limpiar la arena de sus rifles.

Una maraña de alambre de púas plantada por el enemigo no los dejaba avanzar. Con dinamita y un torpedo, los hombres abrieron un hueco, y luego corrieron hacia los acantilados. Una lluvia de balas alemanas mató a muchos, pero Cota dirigió al resto hasta la cima del risco.

Por fin conocerían al enemigo cara a cara.

Capítulo 9
¡Misión cumplida!

¡Cota y sus tropas habían atravesado las líneas enemigas! Una docena de destructores anclados lejos de la costa de Omaha recibieron la noticia. Aunque su tarea era proteger los barcos de las tropas que esperaban alejados de la orilla, les dieron la orden de dirigirse a la costa inmediatamente. Cerca de la orilla, los enormes buques se pusieron de costado y desataron la potencia de sus cañones.

Más tropas aliadas asaltaban los acantilados cada minuto. Ahora, los combates en la cima se embravecían. Con lanzallamas y granadas, los Aliados ahuyentaron al enemigo de sus fortines y trincheras. Los soldados alemanes estaban demasiado ocupados defendiéndose para poder disparar hacia las playas.

Hacia la 1:30 p. m., las tropas estadounidenses ya estaban cerca de controlar Omaha. Una hora antes, Hitler había recibido la noticia de que "la invasión [en Normandía] había sido aplastada por completo". El informe estaba muy equivocado.

Una y otra vez, las tropas aliadas llegaban a su límite, y lo sobrepasaban. Los soldados heridos seguían luchando. Los oficiales guiaban a sus pelotones aunque estuvieran muriendo. "Pedí [a las tropas] que dieran su vida por la libertad y así lo hicieron", dijo más tarde el general Eisenhower, "y es por eso que son unos héroes".

Cuando se acercaba la noche, la victoria pertenecía a los Aliados. ¡La misión del Día D se había cumplido! Habían tomado las cinco playas y avanzado diez millas tierra adentro. Liberaban pueblos franceses, tomaban prisioneros alemanes y arrancaban banderas nazis.

A los alemanes les costó defenderse. Los bombardeos habían destruido muchas de sus vías ferroviarias y rutas claves, obligando a las tropas de reserva a hacer largos desvíos. Además, Hitler todavía pensaba que la invasión de Normandía era un engaño. Así que se demoró en movilizar tropas que estaban más al norte, donde él esperaba el "verdadero" ataque.

Al caer la noche del Día D, los sobrevivientes se hinchaban de orgullo y alivio. "Pasé la primera noche en Francia en una zanja, al lado de un seto vivo, envuelto en un aislante [parte de una carpa] y absolutamente exhausto. Pero estaba eufórico", dijo el sargento John Ellery. "No importaba lo que había pasado, había logrado dejar la playa y llegar a tierra alta".

"Recuerdo que pensaba: '¡Por Dios, lo logramos!'", exclamó el mayor Nigel Taylor.

A pesar de ello, la victoria tuvo un alto precio. Más de nueve mil hombres murieron o resultaron heridos el Día D. Solamente la batalla de Omaha cobró la vida de más de tres mil soldados de EE. UU.

Por el hueco que se abrió en el Muro del Atlántico de Hitler millones de soldados aliados pudieron entrar en el continente. Por fin comenzaría la liberación de Europa.

Capítulo 10
¡Libertad, al fin!

A poco menos de una semana del Día D, las tropas de los Aliados dispersadas se unieron en una línea continua a lo largo de Normandía. Marcharon en dirección este, hacia Alemania. Pero en Europa todavía quedaba casi un año de lucha por delante.

En las semanas siguientes al Día D, los Aliados desembarcaron cientos de miles de soldados y provisiones *más*. En menos de un mes, alrededor de 180,000 toneladas de provisiones y 50,000 vehículos se descargaron en Omaha. Winston Churchill la llamó "la operación más difícil y complicada que jamás se haya realizado". Igual de increíble fue la forma en que los buques desembarcaron. Normandía no tenía puertos ni desembarcaderos. ¡Los Aliados tuvieron que construir dos puertos y transportarlos a Normandía en piezas! Nunca se había hecho algo así antes. Los puertos improvisados tenían alrededor de 12 millas de carreteras flotantes de acero. Los rompeolas estaban hechos de enormes bloques de cemento hundidos en el fondo del mar. Cada bloque era de cinco pisos de altura y pesaba más de 6,000 toneladas.

Después de tres meses de combate, los Aliados liberaron el norte de Francia. Luego, marcharon hacia Alemania. Las líneas de batalla solían formarse en los setos vivos, unos espesos cercos de arbustos que bordeaban los campos de cultivo. Detrás de muchos de estos arbustos, los alemanes habían cavado trincheras para los tiradores de rifles y túneles para los ametralladores. "El combate es de campo a campo y de seto a seto," escribió Bill Davidson, el sargento del Estado Mayor, en un informe de campo. "Raramente se habla de avanzar una milla en un mismo día. Se dice, en cambio, 'avanzamos once campos'". Mientras tanto, las tropas soviéticas entraban a Alemania por el este.

Más horrores cometidos por Hitler salían a la luz a medida que las tropas se abrían paso por Europa y liberaban a millones de personas de los campos de exterminio nazis. Los prisioneros que habían sobrevivido parecían esqueletos andantes. El reportero de radio Eduardo R. Murrow contó a sus oyentes: "Yo informaba lo que veía y escuchaba, pero solo un poco. Para la mayor parte, no tenía palabras".

El 7 de mayo de 1945, once meses después del Día D, Alemania finalmente se rindió. Una semana antes, Hitler prefirió quitarse la vida en vez de enfrentar la derrota. Decenas de

millones de personas que estaban bajo el control de los nazis ya eran libres. La gente se alegraba en todo el mundo. El reino del terror de Hitler había terminado.

En el Pacífico, la guerra terminó con la rendición de Japón el 2 de septiembre de 1945, luego de que Estados Unidos arrojara dos bombas atómicas sobre las ciudades japonesas de Hiroshima y Nagasaki.

La Segunda Guerra Mundial pasó a la historia como la más mortífera de todos los tiempos. Nadie sabe a ciencia cierta cuántas vidas se perdieron. Se estima que murieron entre cuarenta y cincuenta millones de personas.

El Día D fue el punto de inflexión en la guerra. El 6 de junio de 2014, en el septuagésimo aniversario de la invasión, el presidente de EE. UU., Barack Obama, elogió a los soldados: El "curso de la historia de la humanidad" dependía de esta "franja de arena [en Normandía]", dijo. "Nuestra victoria [en la Segunda Guerra Mundial] no solamente fue decisiva para un siglo, sino que constituyó la base para la seguridad y el bienestar de las futuras generaciones".

Línea cronológica del Día D

Ago. 1943	Churchill y Roosevelt se reúnen y fijan el Día D para 1944.
Nov. 1943	El general Dwight D. Eisenhower es nombrado Comandante supremo de las fuerzas aliadas en Europa.
1944	A fines de mayo, los campos de entrenamiento quedan vacíos al movilizarse las tropas del Día D al sur de Gran Bretaña.
3 Jun. 1944	Los soldados comienzan a abordar los buques con destino a Normandía. Una fuerte tormenta obliga a Eisenhower a ordenar a la flota que regrese al puerto.
5 Jun. 1944 4:00 a. m.	Al escuchar el anuncio de una mejora en el tiempo, Eisenhower da la orden de proceder con la invasión del Día D.
6 Jun. 1944 Día D	Poco después de la medianoche del 6 de junio de 1944, paracaidistas capturan puentes clave sobre el canal de Caen y el río Orne luego de aterrizar en planeadores.
1:20 a. m.	El teniente Ricardo Winters se pierde detrás de las líneas enemigas.
1:30 a. m.	Los alemanes abren fuego contra los paracaidistas sobre Normandía.
3:00 a. m.	Poco después de las 3:00 a. m. un radar alemán descubre la flota invasora; tropas enemigas se preparan para la batalla.

Las tropas marítimas en el canal de la Mancha abandonan los barcos de transporte y abordan pequeñas lanchas de desembarco.	1:00 – 4:00 a. m.
Paracaidistas liberan Sainte Mère Eglise, en Francia, el primer pueblo en ser liberado de los nazis.	4:30 a. m.
Se lanzan los "tanques anfibios" en Omaha; ninguno tiene éxito.	6:00 a. m.
La primera oleada de soldados aliados desembarca en las playas de Normandía, Francia.	6:30 a. m.
Las fuerzas británicas llegan a las playas Gold y Sword.	7:30 a. m.
Los canadienses llegan a la playa Juno; casi uno de cada dos hombres de la primera oleada muere o resulta herido.	8:00 a. m.
Los destructores de los Aliados reciben la orden inesperada de abrir fuego en Omaha.	9:50 a. m.
Las tropas alemanas empiezan a perder el dominio de Omaha.	1:30 p. m.

Línea cronológica de la Segunda Guerra Mundial

1933 — El nazi Adolfo Hitler toma posesión como canciller de Alemania.

1939 — El 1.º de septiembre, Alemania invade Polonia.
El 3 de septiembre, Francia y Gran Bretaña declaran la guerra a Alemania; comienza la Segunda Guerra Mundial.
El 17 de septiembre, la URSS invade Polonia.

1940 — En mayo, tropas alemanas invaden Holanda, Francia, Bélgica y Luxemburgo.
26 de mayo a 4 de junio: barcos de emergencia rescatan soldados británicos de Dunkirk, Francia.
En septiembre, Japón se une a las potencias del Eje.

1941 — En marzo, los alemanes invaden África por Egipto.
En junio, invaden Rusia.
El 7 de diciembre, los japoneses bombardean la Flota del Pacífico de EE. UU. en Pearl Harbor, Hawái.
El 8 de diciembre, EE. UU. declara la guerra a Japón y se une a los Aliados.

1942 — El 7 de junio, Japón pierde una importante batalla en Midway.

1943 — En febrero, los alemanes se rinden en Stalingrado, URSS.
En julio, los Aliados desembarcan en Sicilia; Mussolini es destituido en Italia.
En septiembre, Italia se rinde ante los Aliados.

1944 — El 6 de junio, el Día D, tropas aliadas invaden Europa por Normandía.
En agosto, los Aliados liberan París, Francia.
En septiembre, tropas aliadas invaden Alemania.

El 12 de abril, Franklin D. Roosevelt, presidente de EE. UU., — **1945**
fallece estando en funciones; Harry S. Truman asume
como presidente.
El 22 de abril, fuerzas rusas invaden Berlín, Alemania,
desde el este.
El 30 de abril, se suicida Hitler.
Alemania se rinde el 7 de mayo; termina la guerra en Europa.
El 6 de agosto, EE. UU. lanza una bomba atómica
en Hiroshima, Japón.
El 9 de agosto, EE. UU. lanza otra bomba atómica, esta vez
en Nagasaki, Japón.
El 15 de agosto, Japón se rinde.
El 2 de septiembre es el Día V-J (Victoria sobre Japón);
termina la Segunda Guerra Mundial.

Colección ¿Qué fue...? / ¿Qué es...?

El Álamo	La isla Ellis
La batalla de Gettysburg	La Marcha de Washington
El Día D	El Motín del Té
La Estatua de la Libertad	Pearl Harbor
La expedición de Lewis y Clark	Pompeya
La Fiebre del Oro	El Primer Día de Acción de Gracias
La Gran Depresión	El Tren Clandestino

Colección ¿Quién fue...? / ¿Quién es...?

Albert Einstein	La Madre Teresa
Alexander Graham Bell	Malala Yousafzai
Amelia Earhart	María Antonieta
Ana Frank	Marie Curie
Benjamín Franklin	Mark Twain
Betsy Ross	Nelson Mandela
Fernando de Magallanes	Paul Revere
Franklin Roosevelt	El rey Tut
Harriet Beecher Stowe	Robert E. Lee
Harriet Tubman	Roberto Clemente
Harry Houdini	Rosa Parks
John F. Kennedy	Tomás Jefferson
Los hermanos Wright	Woodrow Wilson
Louis Armstrong	

Los Tres Grandes: Winston Churchill, Franklin D. Roosevelt y José Stalin

El general Dwight Eisenhower (centro) se reúne con otros oficiales.

Aviones de combate al amanecer

Aviones estadounidenses sobrevuelan buques aliados en la costa de Francia.

Artillería antiaérea ilumina el cielo.

El general Eisenhower habla con paracaidistas antes de que despeguen

Soldados estadounidenses amontonados en una lancha de desembarco

Un paracaidista de EE. UU. listo para la acción

Cientos de paracaidistas caen sobre Normandía.

Soldados estadounidenses dejan una lancha de desembarco.

Tropas estadounidenses corren hacia la playa Omaha.

Un soldado vadea con dificultad los obstáculos alemanes.

Estadounidenses sentados al resguardo de sus trincheras

Un grupo de soldados levanta un tanque inflable de mentira.

Las tropas aliadas se dirigen tierra adentro desde Omaha.

Tropas de infantería cruzan cuidadosamente una ruta bajo fuego.

Soldados alemanes rindiéndose.

Soldados alemanes marchan luego de ser capturados.

Soldados estadounidenses descansan en medio de escombros.

Afiche de la Segunda Guerra Mundial que promueve el ingreso de las mujeres a la fuerza laboral

Un modelo del soldado raso John Steele colgando del campanario de una iglesia

Winston Churchill les habla a soldados que combatieron en el Día D.

El soldado raso Federico Hunt Kupfer, de diecinueve años, participó en la invasión del Día D.

Monumento conmemorativo del Día D en la playa Utah